Género Fantasía

I0800093

¿? Pregunta esencial

¿Cómo se ayudan los amigos?

¿Has visto a mi gato?

Virginia Segret Mouro
ilustrado por Juan Carlos Ricardo

LECTURA COMPLEMENTARIA

Cecilia tiene un lindo gato.
El gato se llama Zapato.

Zapato se acurruca todas las noches en su frazada.

Pero… algo pasó hoy. Zapato se escapó.

Cecilia busca y busca.
¡Pero Zapato no aparece!
El gato depende de ella.

La niña mira entre
las casas.

En la calle hay muchos gatos. Cecilia busca a Zapato entre ellos.

Cecilia se pregunta:

“¿Dónde estará mi gatito?”.

“¿Andará solitario por
la calle?”.

Cecilia pregunta a los vecinos:

—¿Han visto a mi gato Zapato?

—No —responden todos.

Cecilia pregunta
a los gatos:
—¿Han visto
a mi gato
Zapato?

El gato Zenón
dice: —¡Hoy no vino
a jugar!

Todos se apuran a
responder y maúllan a
coro: —¡No!

Detective del lenguaje

La oración subrayada, ¿es enunciativa o interrogativa? ¿Cómo lo sabes?

Cecilia busca en las plantas del parque. ¿Se atascó en un arbusto? ¡Solito no se puede defender!

¿Se acomodó allí? Cecilia mira en las flores. ¡Pero Zapato no está!

El perro Zaír se acerca.

—¿Has visto a mi gato? —pregunta Cecilia.

Zaír no lo vio.

Detective del lenguaje

Algunas oraciones terminan con punto (.). ¿Puedes hallar otro signo de puntuación en esta página?

Llegan más perros. Pero ninguno ha visto a Zapato.

—Iremos contigo a buscarlo —dicen.

Cecilia se siente contenta.

Los perros la ayudan.

¡Qué bueno es estar con amigos!

La niña ve una melena
a lo lejos.

—¡Allí está mi gato!
—dice Cecilia.

Zapato está con Ciruela. Ella es su nueva amiga.

Ciruela acompaña a Zapato. ¡Qué buena acción!

Respuesta a la lectura

Resumir

Usa detalles para resumir *¿Has visto a mi gato?*

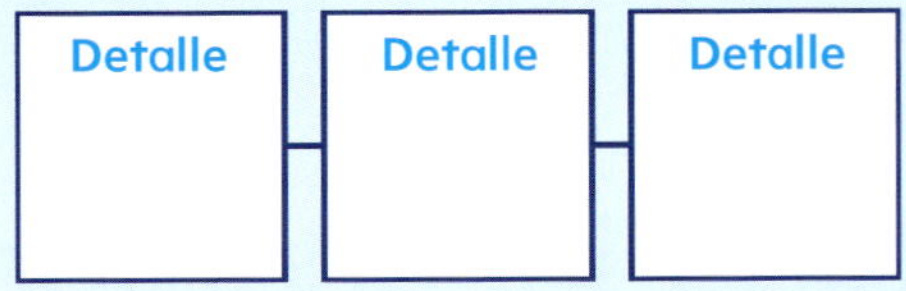

Evidencia en el texto

1. ¿Cómo sabes que este cuento es una fantasía? **Género**
2. ¿Cómo ayudan los perros a Cecilia? **Detalles clave**
3. Separa la raíz y la terminación para definir *escapó* en la página 3. **Terminaciones de palabras**
4. ¿Por qué Cecilia busca a su gato Zapato? **Escribir sobre la lectura**

Género **Poesía**

Compara los textos

Lee acerca de la amistad entre una ardilla y su tío.

Mi tío y yo

Virginia Segret Mouro

Te cuento una historia
bella y divertida
que ocurrió en el bosque
donde yo vivía.

Illustration: Katia Wish

Cuando era pequeño,
Jacinto, mi tío,
jugaba conmigo.

Cuando fui mayor,
me enseñó mil cosas.
¡Eso fue lo mejor!

Illustrations: Katia Wish

Hoy mi tío es viejito
y yo lo acompaño,
porque él necesita
mi cálida mano.

Haz conexiones

¿Cómo se ayudan la ardilla y su tío?

Pregunta esencial

¿En qué se parecen los personajes de *¿Has visto a mi gato?* y los de *Mi tío y yo*? **El texto y otros textos**

Enfoque:
Género

Fantasía Un cuento de fantasía tiene personajes, ambientes o sucesos que no existen en el mundo real. También tiene dibujos con esos personajes.

Lee y descubre Los animales en *¿Has visto a mi gato?* pueden hablar. Los animales del mundo real no pueden hablar.

Tu turno

Crea tus propios personajes de fantasía. ¿Has visto esos personajes en la vida real? Haz un dibujo de tus personajes.